PAUL GAUGUIN
ET LE STYLE PRIMITIF

—— Un peintre en quête d'exotisme

par Julie Lorang

50MINUTES

Avec la collaboration de Stéphanie Reynders

PAUL GAUGUIN   5

CONTEXTE   7

Un siècle de transition

La naissance de l'art moderne

Un souffle exotique

BIOGRAPHIE   11

Gauguin avant la peinture

Un éveil tardif à l'art

Chef de file à Pont-Aven

Fin de vie en Polynésie

CARACTÉRISTIQUES   15

Du mystère breton...

... à l'exotisme polynésien

SÉLECTION D'ŒUVRES   18

La Vision après le sermon

Arearea

Idole à la coquille

D'où venons-nous ? Que sommes-nous ? Où allons-nous ?

Le Sorcier d'Hiva Oa

PAUL GAUGUIN, UNE SOURCE D'INSPIRATION   28

EN RÉSUMÉ   30

POUR ALLER PLUS LOIN   31

PAUL GAUGUIN

- **Nom ?** Eugène Henri Paul Gauguin.
- **Naissance ?** Né le 7 juin 1848 à Paris.
- **Mort ?** Décédé le 8 mai 1903 à Atuona, sur l'île d'Hiva Oa (Polynésie française).
- **Contexte ?** Le postimpressionnisme, le symbolisme, le synthétisme et le primitivisme.
- **Œuvres majeures ?**
  - *La Vision après le sermon* (1888)
  - *Femmes de Tahiti* ou *Sur la plage* (1891)
  - *Arearea* (1892)
  - *D'où venons-nous ? Que sommes-nous ? Où allons-nous ?* (1897-1898)
  - *Le Sorcier d'Hiva Oa* (1902)

Paul Gauguin, peintre français postimpressionniste, est certainement l'un des artistes les plus célèbres de sa génération. Tout comme celles de son ami Vincent Van Gogh (1853-1890), ses œuvres comptent aujourd'hui encore parmi les plus reconnaissables et les plus copiées de l'histoire de l'art.

Pourtant, rien ne prédestinait cet homme à devenir artiste. Marié et père de cinq enfants, Paul Gauguin mène une existence bourgeoise confortable et peint en amateur, jusqu'à ce que cette simple passion devienne une obsession. Il décide alors, à plus de 30 ans, de se consacrer entièrement à son art, et abandonne femme et enfants.

Après une courte période impressionniste, Paul Gauguin élabore un style bien particulier, nourri par ses nombreux voyages et ses longs séjours en Bretagne et en Polynésie. Dans ces deux régions isolées, le peintre développe un langage esthétique nouveau qui rompt avec le naturalisme traditionnel de l'art occidental. Ses couleurs franches et ses formes simplifiées confèrent à ses toiles un aspect sauvage et mystérieux qui correspond parfaitement aux sociétés et aux paysages primitifs représentés. L'artiste suggère ainsi la simplicité et la spiritualité des régions qu'il peint à travers un style pictural libéré des artifices de l'académisme français.

Grâce à sa recherche formelle, Paul Gauguin fait partie des grands peintres postimpressionnistes dont le travail a largement contribué à la naissance de l'art moderne et a inspiré plusieurs générations d'artistes.

CONTEXTE

UN SIÈCLE DE TRANSITION

Si Paul Gauguin est l'un des plus grands artistes français de son époque, il est avant tout un enfant du XIXe siècle, traversé par les questionnements et les défis de cette période mouvementée. Né en 1848, le peintre vit en effet à une période charnière de l'histoire de France, alors en proie à de multiples changements.

Sur le plan politique, la seconde moitié du XIXe siècle est marquée par la figure majeure de Louis-Napoléon Bonaparte (1808-1873). Élu président de la IIe République en 1848, il est proclamé empereur du Second Empire en 1852 sous le nom de Napoléon III et reste au pouvoir jusqu'à la guerre franco-prussienne de 1870, qui se solde par la défaite française et la proclamation de l'Empire allemand au château de Versailles, le 18 janvier 1871. Napoléon III doit alors s'exiler et trouve refuge en Angleterre, tandis que la France adopte à nouveau un régime républicain.

LA GUERRE FRANCO-PRUSSIENNE

La guerre franco-prussienne de 1870 oppose la France de Napoléon III aux États allemands coalisés sous l'égide de la Prusse. Ce conflit est savamment orchestré par le chancelier prussien Otto von Bismarck (1815-1898), qui espère ainsi unir les différents États allemands afin de former un Empire germanique. La guerre franco-prussienne se solde par la défaite française et la victoire éclatante des États allemands, qui s'unissent effectivement pour donner naissance au Deuxième Reich. Cette réussite permet en outre l'annexion de l'Alsace et de la Lorraine, qui ne redeviendront françaises qu'en 1919.

Des points de vue économique et social, cette époque est essentiellement marquée par la révolution industrielle, qui bouleverse profondément les anciennes structures de la société française et donne naissance à la société moderne, capitaliste et industrialisée. Les impacts de la révolution industrielle sont nombreux et modifient aussi bien l'agriculture que l'économie ou encore la société et l'environnement. Suite au développement des industries, deux classes sociales s'opposent : le prolétariat, qui fournit la main-d'œuvre industrielle, et la bourgeoisie. Les conditions de vie et de travail du prolétariat donnent par ailleurs naissance aux mouvements socialistes. Enfin, l'industrialisation permet également le développement rapide des connaissances scientifiques et techniques, ainsi que l'émergence de la société de consommation.

LA NAISSANCE DE L'ART MODERNE

Le domaine culturel n'échappe pas à cette dynamique et connaît lui aussi un développement particulièrement riche au cours du XIXe siècle. Dans cette société en mutation, les artistes et les hommes de lettres, désireux de rompre avec les codes du passé, cherchent de nouveaux modes d'expression, plus personnels et plus modernes. Aussi plusieurs mouvements artistiques novateurs, qui marqueront profondément l'histoire de l'art, se succèdent-ils.

L'invention de l'appareil photo joue un rôle important dans l'évolution artistique. Dorénavant, les artistes ne peuvent plus se limiter à une représentation parfaite du monde – qui devient l'apanage de la photographie –, mais ils se doivent d'en proposer au contraire un rendu plus subjectif. Les peintres impressionnistes – parmi lesquels Camille Pissarro (1830-1903), Alfred Sisley (1939-1899), Claude Monet (1840-1926) ou encore Auguste Renoir (1841-1919) –, influencés par l'anticonformisme d'Édouard Manet (1832-1883), sont les premiers, dans les années 1870, à rompre clairement avec la tradition picturale dominante. Peignant en extérieur, « sur le motif », ils privilégient les paysages et tentent de créer sur leurs toiles une impression subjective et éphémère, délaissant le dessin au profit de la couleur, qu'ils appliquent en petites touches juxtaposées.

Cette émancipation vis-à-vis des règles qui régissent la production artistique amène les artistes à réfuter la primauté de l'Académie des beaux-arts et du Salon, une exposition officielle dont ils sont de plus en plus nombreux à être exclus. Le Salon des refusés voit alors le jour en 1863, dans le but d'exposer les artistes ne trouvant pas leur place au Salon. D'autres expositions indépendantes sont également organisées, et cette nouvelle liberté ouvre la voie à des artistes tels que Paul Cézanne (1839-1906), Paul Gauguin, Vincent Van Gogh (1853-1890) ou encore Henri de Toulouse-Lautrec (1864-1901).

UN SOUFFLE EXOTIQUE

La seconde moitié du XIXe siècle est également marquée par l'expansion française grâce à une vague de colonisation. À son arrivée au pouvoir, Napoléon III hérite d'un empire colonial important comprenant la Martinique, la Guyane, la Réunion, la Guadeloupe, des comptoirs indiens, Saint-Pierre-et-Miquelon, Mayotte ainsi que l'Algérie et quelques îles polynésiennes. Aidé de son ministre de la Marine et des Colonies, Prosper de Chasseloup-Laubat (1805-1873), il acquiert notamment le Sénégal, le Gabon, mais aussi la Cochinchine et le Cambodge. À la fin du XIXe siècle, l'Empire colonial européen s'étend ainsi aux quatre coins du globe. Il en résulte une arrivée massive d'objets provenant de ces contrées considérées comme primitives. Ces curiosités sont exposées dans les musées ethnologiques des grandes villes européennes et suscitent l'intérêt des artistes occidentaux à la recherche de formes nouvelles.

L'exemple des peintres impressionnistes, qui ont su s'affranchir de l'art académique, la volonté de rompre avec l'art traditionnel occidental ainsi que le refus des valeurs bourgeoises poussent un certain nombre de peintres à s'inspirer des formes et des techniques venues de ces civilisations exotiques. Celles-ci ont gardé authenticité, spontanéité et spiritualité, des valeurs qu'ils ne retrouvent plus dans la société bourgeoise occidentale. Un courant primitiviste voit alors le jour vers 1900, dont Paul Gauguin et Pablo Picasso (1881-1973) sont sans doute les plus grands représentants. Caractérisé par une déformation et une simplification des corps, un vif contraste des couleurs et des motifs audacieux, le primitivisme participe à l'élaboration d'un art résolument moderne.

BIOGRAPHIE

GAUGUIN AVANT LA PEINTURE

Paul Gauguin naît le 7 juin 1848 à Paris. Son père, Clovis Gauguin (1814-1851), est journaliste pour le *National* et sa mère, Aline Chazal (1825-1867), est la fille de Flora Tristan (1803-1844), socialiste et féministe de renom.

En 1851, la famille Gauguin décide de quitter la France afin de fuir le régime de Napoléon III et embarque pour le Pérou, pays d'origine d'Aline Chazal. Malheureusement, Clovis Gauguin décède d'une rupture d'anévrisme au cours du voyage, au large de la Patagonie. Aline Chazal et ses deux enfants sont alors recueillis par un grand-oncle et résident à Lima durant près de quatre ans. Ces quelques années passées au Pérou marquent profondément Paul Gauguin et influenceront son œuvre. La famille finit par rentrer en France, alors que le jeune garçon est âgé de sept ans, et s'installe à Orléans.

À 17 ans, Gauguin devient novice pour la marine marchande et embarque sur le *Luzitano*, qui l'emmène en Amérique du Sud, en Polynésie et jusqu'en Inde. En 1868, il effectue son service militaire au sein de la marine nationale et continue de naviguer sur les océans du monde entier. Après la guerre franco-prussienne de 1870, Gauguin rejoint la capitale française afin de devenir agent de change à la Bourse. Talentueux en affaires, le jeune homme se fait peu à peu connaître dans le milieu et adopte un style de vie bourgeois. Il rencontre une jeune Danoise, Mette Sophie Gad (1850-1920), qu'il épouse en 1873 et dont il aura par la suite cinq enfants.

UN ÉVEIL TARDIF À L'ART

En parallèle à son travail, Paul Gauguin commence à peindre et rencontre Gustave Arosa (1818-1883), homme d'affaires et amateur d'art qui l'introduit auprès des impressionnistes. L'artiste en herbe rencontre alors Camille Pissarro, entre autres, et commence sa carrière artistique en exposant avec les artistes de ce mouvement, de 1876 à 1886. La toile *Étude de nu* ou *Suzanne cousant* (1881) est l'une des œuvres majeures de la période impressionniste de Paul Gauguin.

En 1882, suite à l'ébranlement des marchés financiers, ce dernier décide d'abandonner son travail à la Bourse de Paris afin de se consacrer entièrement à la peinture. Le mode de vie des Gauguin change alors drastiquement, et l'artiste peine à entretenir sa femme et ses cinq enfants. La famille quitte la France pour le Danemark, pays natal de l'épouse de l'artiste, afin de s'installer chez les parents de celle-ci. Mais, obsédé par sa passion, Paul Gauguin abandonne femme et enfants, et rentre à Paris en 1885 afin de se vouer exclusivement à la peinture. Il continue cependant d'entretenir une correspondance, particulièrement amère, avec son épouse. Son choix, lourd de conséquences, marque pour le peintre le point de départ d'une vie faite de solitude et de difficultés financières. Pour gagner sa vie, Gauguin réalise alors, à côté de la peinture, des céramiques, parmi lesquelles *Oviri* (1894), conservé au musée d'Orsay et considéré comme un chef-d'œuvre.

CHEF DE FILE À PONT-AVEN

Après un premier séjour à Pont-Aven, en Bretagne, en 1886, puis un voyage initiatique en Martinique, Paul Gauguin rejoint à nouveau l'école de Pont-Aven en 1888. Il ne s'agit pas d'un courant artistique à proprement parler : cette appellation désigne les peintres, aux styles par ailleurs très différents, venus travailler à Pont-Aven à la fin du xixᵉ siècle. Bien que Gauguin ne soit pas le premier à se rendre dans ce petit bourg breton, il est toutefois considéré comme la référence centrale de ce groupe d'artistes expérimentaux. Il préconise la peinture « par cœur », afin de synthétiser un sujet et une émotion. La Bretagne, terre encore sauvage et riche de traditions, se prête particulièrement bien au travail de Gauguin qui recherche la spiritualité, perdue selon lui par la société moderne.

À cette époque, sous l'influence de l'artiste Émile Bernard (1868-1941), des peintres Paul Sérusier (1864-1927) et Maurice Denis (1870-1943), et de l'étude d'œuvres japonaises, médiévales et indigènes, son style évolue peu à peu. Dans les années 1888-1889, Gauguin réalise de nombreuses peintures, dont *La Vision après le sermon*, *Le Christ jaune* ou encore *La Belle Angèle*. Toutes ces œuvres louent la dévotion des Bretons, la richesse de leur folklore ainsi que la beauté sauvage de la région.

GAUGUIN ET VAN GOGH

En 1888, Paul Gauguin séjourne également quelques semaines à Arles, dans le Sud de la France, en compagnie de Vincent Van Gogh. Les deux hommes espèrent entreprendre une expérience créatrice commune et travaillent notamment sur la série des *Alyscamps*. Pourtant, cette collaboration se passe mal en raison de l'exaltation ambiante et des tensions entre les deux artistes fauchés. Le 23 décembre 1888, au cours d'une nouvelle dispute, Vincent Van Gogh se tranche l'oreille dans un coup de folie et Paul Gauguin décide de quitter définitivement Arles.

FIN DE VIE EN POLYNÉSIE

En perpétuelle recherche d'une société moins conventionnelle et moins artificielle, Paul Gauguin embarque en 1891 pour la Polynésie, où il réside d'abord à Tahiti. Très inspiré (il peint plus de 70 toiles, dont *Femmes de Tahiti* en 1891 et *D'où venons-nous ? Que sommes-nous ? Où allons-nous ?* en 1897-1898), il y passe plusieurs années insouciantes. Il est cependant déçu de ce qu'il y trouve et est vite rattrapé par les problèmes personnels. Il tente alors plusieurs fois de mettre fin à ses jours. Paradoxalement, c'est à cette époque, durant laquelle Paul Gauguin pense à la mort, que ses œuvres entament une nouvelle vie à Paris. En effet, le marchand d'art et galeriste Ambroise Vollard (1866-1939), qui a révélé de nombreuses œuvres postimpressionnistes au grand public, s'enthousiasme et promeut son art original en France.

Durant son séjour polynésien, l'artiste s'essaye également à la sculpture. Il s'intéresse beaucoup à l'art indigène, notamment aux sculptures et anciens totems, et apprend le savoir-faire local. Les œuvres sculptées par Gauguin présentent la même recherche d'une esthétique sauvage que ses peintures et s'inspirent directement des formes de l'art polynésien.

En 1901, Paul Gauguin quitte Tahiti et sa grande communauté euro-péenne pour s'isoler à Atuona, sur l'île d'Hiva Oa, dans les Marquises. Affaibli et fatigué, le peintre y décède le 8 mai 1903.

LE CHARME D'HIVA OA

L'auteur-compositeur-interprète Jacques Brel (1929-1978) est lui aussi tombé sous le charme de l'île d'Hiva Oa. Il décide de s'y retirer lorsqu'il apprend qu'il est atteint d'un cancer du poumon, en 1974, et y passe les dernières années de sa vie. Paul Gauguin et Jacques Brel, tous deux venus chercher la sérénité dans ce décor paradisiaque, y reposent aujourd'hui en paix dans le même cimetière.

CARACTÉRISTIQUES

DU MYSTÈRE BRETON...

Toute sa vie, Gauguin fuit la civilisation occidentale, dont il réprouve le matérialisme corrompu, à la recherche d'un paradis perdu. Nourri par ses voyages aux quatre coins du globe, le peintre trouve finalement refuge en Bretagne, puis en Polynésie. Il y dépeint la simplicité tant convoitée avec un mode d'expression personnel et inédit.

Sa recherche spirituelle et formelle débute à Pont-Aven, un village préservé de Bretagne. Cette région, encore largement en retard sur la modernité de Paris, se caractérise par des paysages sauvages, la simplicité dévote de ses habitants et la richesse de son folklore et de ses légendes. Gauguin représente le côté sauvage et primitif de la Bretagne de façon audacieuse, rompant avec la fidélité naturaliste. La technique même de l'artiste démontre sa volonté de simplicité, loin des artifices de l'art académique : les couleurs expressives et non naturalistes – les couleurs ne servent plus seulement à la description d'une scène, mais se libèrent pour exprimer une émotion – sont posées en larges aplats, les figures humaines et les paysages sont simplifiés, et la perspective traditionnelle est abandonnée. En raison de sa recherche picturale innovante, les historiens de l'art classent Gauguin parmi les artistes postimpressionnistes, qui auront une influence non négligeable sur le développement de l'art moderne.

La méthode de travail du peintre est également très personnelle puisque Paul Gauguin peint « par cœur », sans réaliser de croquis préalable, afin de synthétiser le plus justement possible un sujet et une émotion. Selon lui, une toile doit retranscrire les sentiments de l'artiste presque comme si la scène était rêvée, ce qui explique les simplifications et les exagérations formelles et chromatiques de ses œuvres. Par ailleurs, à Pont-Aven, Gauguin contribue à l'élaboration de la technique dite du « cloisonnisme », qui consiste en l'application d'aplats de couleurs, délimités par des cernes noirs. Cette technique, développée dans une optique primitiviste, confère une place nouvelle à la couleur.

... À L'EXOTISME POLYNÉSIEN

Cette expérience bretonne ne suffit pas à Gauguin qui, désabusé, quitte la France pour trouver refuge à Tahiti, où il cherche une nature et des habitants encore plus exotiques.

Sur place, le peintre étudie le savoir-faire des artisans locaux et s'inspire largement de leurs techniques, qu'il juge plus instinctives que celles des artistes occidentaux. Gauguin crée ainsi des idoles aux formes sauvages et primitives, dans un pays où celles-ci ont été détruites par les missionnaires chrétiens. Ses œuvres sculptées présentent la même recherche d'une esthétique sauvage que ses peintures et s'inspirent directement des formes de l'art polynésien.

Quant à sa production picturale, elle reflète elle aussi sa perpétuelle recherche d'un monde qui ne semble déjà plus exister : le peintre inclut dans ses représentations de la vie quotidienne tahitienne totems et créatures des légendes indigènes, mêlant intimement rêve et réalité. Gauguin accorde par ailleurs une place importante aux vahinés, ces femmes tahitiennes au charme exotique. L'artiste aime particulièrement représenter leur physionomie, si différente des canons de beauté européens, ainsi que leur beauté sans artifice. De nombreuses toiles représentent notamment Téha'amana, jeune vahiné et maîtresse du peintre.

Sous l'influence de l'art polynésien, le style de Gauguin, dit « primitif », se radicalise : les couleurs gagnent en intensité et les corps ressemblent aux formes lourdes et pleines des totems indigènes. Les sujets et les motifs exotiques inspirés par la culture polynésienne renforcent également l'aspect sauvage des toiles de Paul Gauguin.

Grande figure du courant primitiviste, Gauguin est l'un des seuls artistes à avoir rejeté la société occidentale au point de vivre sur des terres jugées à l'époque comme « sauvages ». Il est également le premier à avoir systématiquement exagéré les proportions du corps humain, aux formes géométriques et aux contrastes forts, une initiative qui inspirera de nombreux artistes par la suite.

LA VISION APRÈS LE SERMON

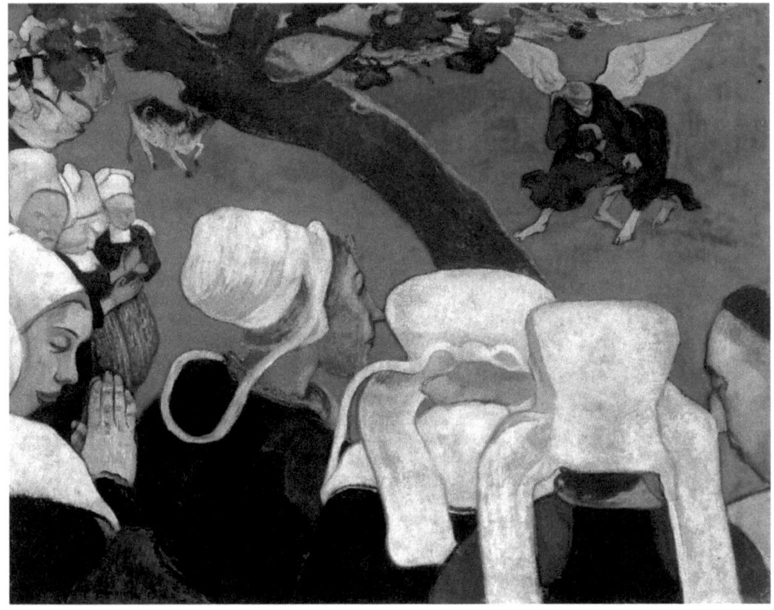

La Vision après le sermon, 1888, huile sur toile, 72 x 91 cm, Édimbourg, National Gallery of Scotland.

Ce tableau, peint en 1888 à Pont-Aven, est souvent considéré comme l'un des chefs-d'œuvre de Gauguin. Il est vrai que, tant par son sujet que par sa forme, cette œuvre illustre parfaitement la recherche de simplicité du peintre, qui trouve l'inspiration parmi la population rurale bretonne. Stimulé par Émile Bernard, entre autres, et influencé par les gravures japonaises, Gauguin s'éloigne de l'impressionnisme et élabore, à travers cette œuvre, son propre style, à la fois symbolique et sans artifice.

La Vision après le sermon représente la vision de femmes bretonnes, habillées et coiffées de façon traditionnelle, après avoir entendu le sermon du prêtre relatif à l'épisode de la *Genèse* relatant le combat de Jacob et d'un ange. Cette scène irréelle se caractérise essentiellement par sa composition étonnante, ses couleurs non naturalistes et un refus marqué de la perspective traditionnelle.

Un tronc d'arbre divise diagonalement la toile en deux groupes distincts : le groupe des Bretonnes en prière prend place à l'avant-plan, tandis que le combat de Jacob se déroule en arrière-plan, sur un fond coloré. Les dévotes, interrompues par le bord du tableau – il s'agit là de l'une des caractéristiques des artistes de la modernité, à la fin du XIXe siècle –, semblent flotter et ne reposent sur aucune ligne du sol. Leurs silhouettes, simplifiées et à peine modelées, sont entourées de cernes noirs et tournent le dos au spectateur. Enfin, le fond de la toile, d'un rouge vif, transporte la scène dans un monde imaginaire, magique et spirituel. Grâce à son style dépouillé, Paul Gauguin dépeint parfaitement la simplicité mystique du groupe de Bretonnes.

LA LUTTE DE JACOB AVEC L'ANGE

Alors que Jacob, fils d'Isaac et Rébecca et dernier des patriarches bibliques, a décidé de rentrer avec sa famille dans son pays d'origine, en Canaan, après plusieurs années de vie nomade, il rencontre au cours de son voyage un inconnu avec lequel il se bat toute une nuit. Celui-ci refuse de lui dire qui il est, mais la tradition en fait un ange. Au terme de cette lutte, Jacob reçoit le nom d'Israël, c'est-à-dire « celui qui a lutté avec Dieu », tandis que ses douze fils donneront leur nom aux douze tribus d'Israël.

Cet épisode de la *Genèse* a inspiré un grand nombre d'artistes dont, outre Gauguin, Rembrandt (1606-1669), Gustave Moreau (1826-1898), Odilon Redon (1840-1916) ou encore Marc Chagall (1887-1985).

AREAREA

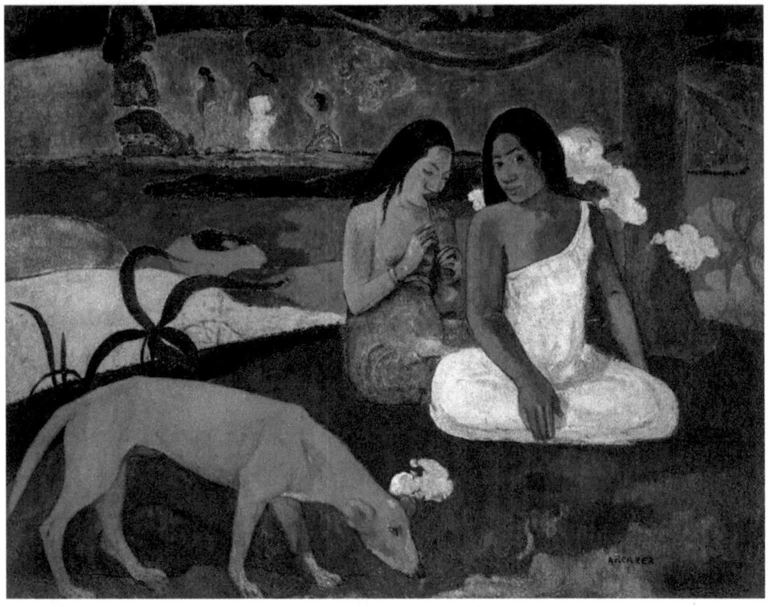

Arearea, 1892, huile sur toile, 73 x 94 cm, Paris, musée d'Orsay.

Arearea, peinte en 1892, est un très bon exemple de la production de la période tahitienne de l'artiste et fait partie de ses œuvres favorites. Le titre de cette toile signifie « joyeusetés » en langue polynésienne, et il s'en dégage en effet une atmosphère paisible et exotique.

L'œuvre se compose de deux scènes distinctes : un chien et deux femmes assises sous un arbre se trouvent à l'avant-plan, tandis qu'à l'arrière-plan, trois figures semblent rendre un culte à un totem polynésien. Le corps des vahinés, massif, rappelle les sculptures primitives, et les femmes du fond de la toile, à peine ébauchées, sont réduites à des taches de couleur. Cette simplification des formes, déjà présente dans les œuvres bretonnes du peintre, rappelle les reliefs maoris. La succession de plans de couleurs éclatantes relie les deux groupes et fournit une ébauche abstraite de la végétation luxuriante locale. Sous le pinceau de Paul Gauguin, la vie polynésienne apparaît paisible et harmonieuse, mais aussi archaïque et sauvage.

En 1893, Paul Gauguin expose ce tableau à Paris afin de persuader les peintres français du bien-fondé de sa recherche primitiviste à Tahiti. Mais les critiques et l'incompréhension du milieu poussent l'artiste à retourner définitivement dans les îles du Pacifique.

IDOLE À LA COQUILLE

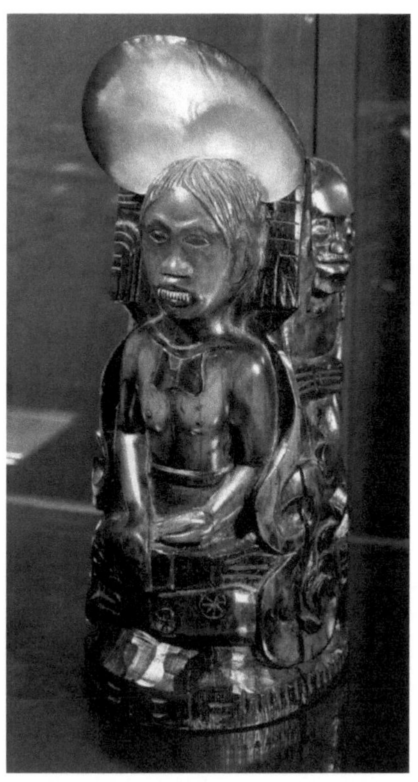

Idole à la coquille, 1892-1893, statuette en bois de fer, nacre, dent et en os, 34,4 cm de haut, Paris, musée d'Orsay.

L'*Idole à la coquille* est une sculpture représentant un dieu assis en lotus et à l'allure inquiétante. Son attitude effrayante s'explique par la brutalité des traits et la présence de dents de « cannibale », pièces rapportées taillées dans une dent pharyngienne de poisson-perroquet. Le personnage porte également une ceinture et un pectoral en nacre et ses jambes semblent tatouées. Deux *tikis*, des divinités marquant les limites d'un lieu sacré, garnissent la base du socle tandis que deux figures se répètent de part et d'autre de la divinité.

Par la déformation du corps humain et les références volontaires à une culture jugée primitive (les tatouages et les dents de canni-bale), Paul Gauguin modèle une divinité à l'air féroce. Cette sculpture rappelle les totems monumentaux qui peuplent les paysages peints par l'artiste. Pourtant, à la fin du XIXe siècle, ces totems n'existent déjà plus : ils ont été abattus par les missionnaires chrétiens. Ainsi, tout comme les représentations picturales faites par Gauguin à Tahiti, l'*Idole à la coquille* démontre la volonté de l'artiste de repré-senter une Polynésie sauvage et polythéiste « plus vraie que nature », qui fait partie du passé.

Paul Gauguin n'a jamais réussi à vendre ces « bibelots sauvages », incompris en Europe, et finit par les confier, en 1900, au peintre et collectionneur d'art Georges-Daniel de Monfreid (1856-1929), avec lequel il correspond régulièrement. Ces œuvres sont par la suite exposées au Salon d'automne de 1906 et y retiennent l'attention de peintres avant-gardistes.

D'OÙ VENONS-NOUS ? QUE SOMMES-NOUS ? OÙ ALLONS-NOUS ?

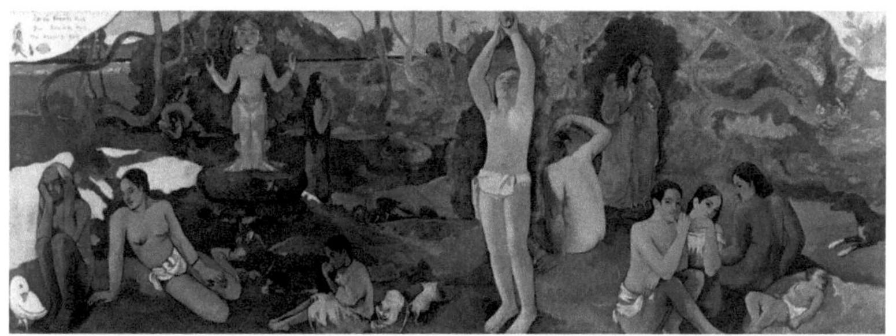

D'où venons-nous ? Que sommes-nous ? Où allons-nous ?, 1897-1898, huile sur toile, 139 x 374 cm, Boston, Museum of Fine Arts.

Cette toile gigantesque est en quelque sorte le testament pictural de Paul Gauguin, qui y travaille durant un mois complet de façon obsessionnelle, à la fin de l'année 1897. L'artiste, qui se remet doucement d'une crise cardiaque et vient d'apprendre le décès de sa fille préférée, songe au suicide et connaît une période de grand questionnement. *D'où venons-nous ? Que sommes-nous ? Où allons-nous ?*, pensé comme une immense fresque murale, dépeint les réflexions de l'artiste sur la vie et la mort.

Paul Gauguin écrit les mots suivants au sujet de cette œuvre à son ami Georges-Daniel de Monfreid :

J'ai mis là avant de mourir toute mon énergie, une telle passion douloureuse dans des circonstances terribles... Une toile que j'avais en tête et, durant tout le mois, j'ai travaillé jour et nuit, dans une fièvre inouïe. Dames ! ce n'est pas une toile faite comme un Puvis de Chavannes, études d'après la nature puis carton préparatoire, etc. Tout cela est fait de chic au bout de la brosse, sur une toile à sac pleine de nœuds et de rugosités. (Lettre à Monfreid, 1898)

Selon une description donnée par l'artiste lui-même, les trois groupes de personnages représentés symbolisent les trois périodes de toute vie : à droite, les trois femmes et l'enfant incarnent le début de l'existence ; le groupe central illustre les différentes activités de la vie quotidienne à l'âge adulte ; enfin, le dernier groupe se compose notamment d'une vieille femme assise, résignée, dans l'attente de la mort, et d'un totem représentant l'au-delà. De nombreux motifs de cette toile proviennent d'œuvres antérieures du peintre, comme la figure centrale, dont la position rappelle *L'Homme à la hache* (1891), ou encore l'enfant mangeant un fruit, déjà présent dans *Nave Nave Mahana* (1896).

D'où venons-nous ? Que sommes-nous ? Où allons-nous ? est une œuvre complexe dont les scènes symboliques sont insérées dans un paysage luxuriant et magique. La gamme de couleurs jaune-vert-bleu renforce également l'aspect mystérieux de la fresque, tout droit sortie de l'imagination de Paul Gauguin.

LE SORCIER D'HIVA OA

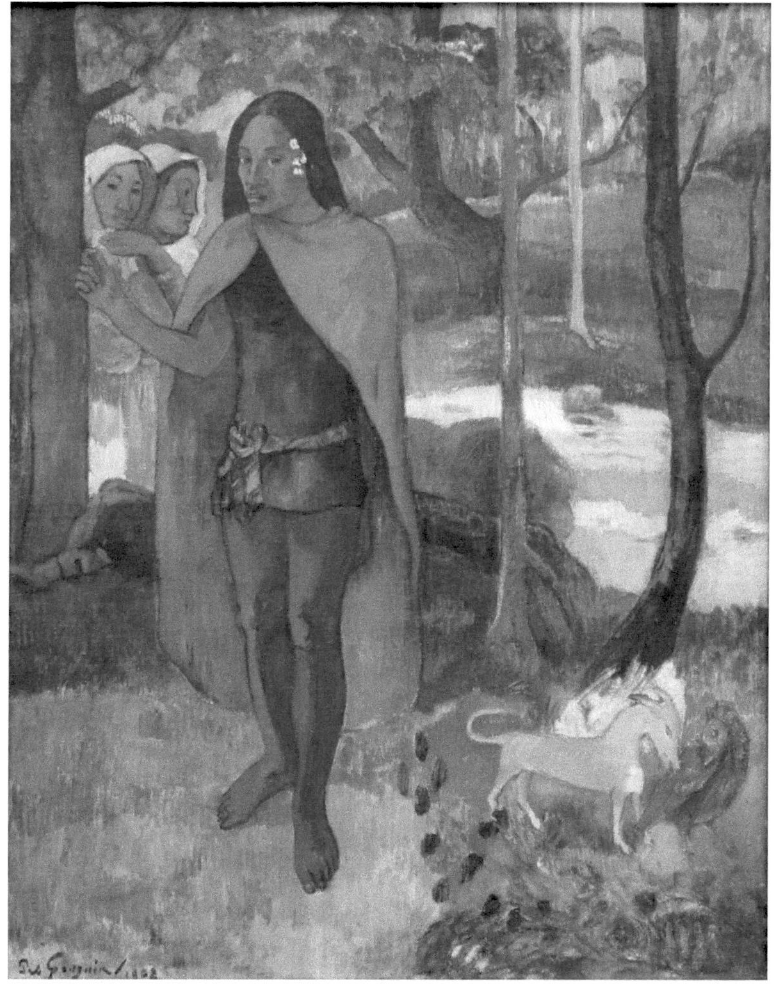

Le Sorcier d'Hiva Oa, 1902, huile sur toile, 92 x 73 cm, Liège, musée des Beaux-Arts.

Cette peinture, l'une des dernières de Gauguin, illustre la fin de vie de l'artiste dans le paradis des Marquises. Le personnage central de cette toile est un ami du peintre, Haapuani, sorcier réputé d'Hiva

Oa, qui lui a enseigné les contes et légendes locales. Haapuani, vêtu d'une cape rouge, se tient immobile dans un sous-bois et soutient le regard du spectateur, l'air énigmatique. Derrière lui, deux femmes voilées, dont l'une jette un regard peureux au sorcier, sont cachées derrière un tronc d'arbre. Dans le coin inférieur droit du tableau, Gauguin a représenté un chien tenant un oiseau dans sa gueule. Cette scène illustre une chasse, à laquelle l'artiste a effectivement pris part, à savoir la chasse au *Porphyrio Paepae*, un oiseau sans ailes aujourd'hui disparu.

Si *Le Sorcier d'Hiva Oa* est intéressant par son contenu, qui illustre les dernières années de la vie de Paul Gauguin dans les Marquises, le tableau est surtout le témoin d'une histoire mouvementée, qui explique sa présence au musée des Beaux-Arts de Liège : l'État belge achète cette toile en 1939, lors d'une importante vente aux enchères organisée à Lucerne, en Suisse, par le régime nazi. Arrivé au pouvoir en 1933, Adolf Hitler (1889-1945) décide en effet de purger les musées allemands en se débarrassant des œuvres modernes considérées comme « dégénérées », c'est-à-dire allant à l'encontre de l'art officiel, dit « héroïque », autrement dit de la tradition classique. Cette vente qui réunit de grands noms de la peinture, comme Gauguin, Henri Matisse (1869-1954), Marc Chagall ou encore Pablo Picasso, prend dès lors une importance historique. De nombreuses œuvres modernes sont ainsi éparpillées dans les musées et les collections privées, tandis que d'autres sont à jamais perdues ou détruites par le régime nazi.

Le Japonisme

À partir de la seconde moitié du xixe siècle, le Japon, longtemps mystérieux et coupé du monde, s'ouvre progressivement à l'Occident. Suite à l'organisation d'expositions universelles à Paris, qui ont un grand retentissement et présentent la nouveauté venue d'Extrême-Orient, et à la signature de traités qui initient des échanges commerciaux avec l'Europe, celle-ci entre en contact avec la culture japonaise. À travers les estampes et les dessins nippons, les artistes européens découvrent des conventions artistiques nouvelles, comme l'aplat de couleurs et les compositions asymétriques. Cette influence transparaît notamment dans les œuvres de Gauguin, qui affectionne particulièrement les estampes de Katsushika Hokusai (1760-1849) et d'Utagawa Hiroshige (1797-1858).

PAUL GAUGUIN, UNE SOURCE D'INSPIRATION

Novateur à la fois par sa recherche formelle et par sa démarche artistique, Paul Gauguin est l'un des plus grands peintres de sa génération et une source d'inspiration importante pour de nombreux artistes. Son traitement des formes et de la couleur, en particulier, influence directement certains mouvements, dont les artistes fauves, comme Henri Matisse ou André Derain (1880-1954), qui prolongent l'expérience chromatique du peintre avec audace. À l'image de l'œuvre de Gauguin, l'art fauve se veut instinctif : il se caractérise par des couleurs pures, vives, qui ne sont plus descriptives mais bien expressives, ainsi que par une distorsion de l'espace pictural. *La Raie verte* (1905), de Matisse, illustre particulièrement bien l'influence de Gauguin en ce qui concerne le traitement des couleurs.

LE FAUVISME

Certains mouvements, en histoire de l'art, doivent leur nom à leurs détracteurs. C'est le cas du terme « fauvisme », inventé par le journaliste Louis Vauxcelles, épouvanté, après sa visite du Salon d'automne de 1906, par l'utilisation de couleurs pures et l'aspect sauvage des œuvres exposées. Dans les faits, le fauvisme désigne un mouvement pictural français du début du XXe siècle regroupant des artistes faisant preuve d'un même souci de créer un nouveau langage pictural fondé sur la couleur. Ce courant atteint son apogée entre 1905 et 1907.

L'expressionnisme puise également ses racines dans les travaux – la peinture mais aussi la sculpture – de Gauguin. Le groupe d'artistes allemands *Die Brücke* (« le pont »), formé en 1905 et composé entre autres d'Otto Mueller (1874-1930), Ernst Ludwig Kirchener (1880-1938), Erich Heckel (1883-1970) et Karl Schmidt-Rottluff (1884-1976), rejette les conventions artistiques occidentales et se révolte contre la société urbaine et le malaise économique. Tout comme Paul Gauguin, les artistes expressionnistes cherchent l'inspiration dans les sociétés dites « primitives », considérées comme moralement plus pures. La découverte des peintures et des sculptures polynésiennes de Paul Gauguin au Salon d'automne de 1906 est décisive pour la démarche de ce groupe. Les toiles des expressionnistes allemands présentent des couleurs vives, violemment opposées, ainsi que des formes tourmentées et expressives, comme l'illustre *Sous les arbres* (1911), de Max Pechstein (1881-1955).

L'EXPRESSIONNISME

L'expressionnisme est un mouvement artistique apparu au début du XXe siècle et qui touche entre autres la peinture, la sculpture, la musique ou encore la danse. Ce courant se caractérise par une déformation et une exagération de la réalité afin de susciter une émotion chez le spectateur. Il s'est largement développé en Allemagne, notamment, où certains peintres comme Otto Dix (1891-1969) ont réalisé des œuvres expressionnistes afin de dénoncer les horreurs de la Première Guerre mondiale.

Enfin, Pablo Picasso, l'un des artistes les plus importants du XXe siècle, admirait beaucoup l'œuvre de Gauguin. À l'origine du cubisme avec Georges Braque (1882-1963), le peintre espagnol s'est essentiellement inspiré des expériences géométriques de Paul Cézanne, mais il se dégage de ses œuvres un aspect sauvage qui n'est pas sans évoquer l'univers de Paul Gauguin, comme c'est le cas dans *Les Demoiselles d'Avignon* (1907).

LE CUBISME

Le cubisme est un mouvement bref mais majeur de l'histoire de l'art. Développé entre 1907 et 1914 par les peintres Pablo Picasso et Georges Braque, qui puisent leur inspiration dans le travail de Paul Cézanne, le cubisme se caractérise par une fragmentation et une géométrisation du réel.

EN RÉSUMÉ

- Rien ne prédestinait Paul Gauguin, né en 1848, à devenir artiste. C'est à près de 40 ans qu'il entame une carrière artistique, sacrifiant son confort bourgeois et abandonnant femme et enfants pour se consacrer exclusivement à sa passion. Son art novateur, largement inspiré de ses nombreux voyages, notamment en Amérique du Sud et en Océanie, contribue grandement au développement de l'art moderne.

- Sous l'influence de Camille Pissarro, Gauguin commence par peindre des œuvres d'influence impressionniste, mais, rapidement, il développe un style plus personnel et plus libre.

- Fuyant la modernité parisienne à la recherche de simplicité et de spiritualité, en 1888, le peintre se rend à Pont-Aven, en Bretagne. Là, il dépeint la vie simple et dévote des paysans bretons. En témoigne *La Vision après le sermon*, son premier chef-d'œuvre, aux couleurs expressives et aux formes simplifiées. La même année, Gauguin séjourne quelques semaines chez Vincent Van Gogh afin d'entreprendre une expérience créatrice commune. Cette cohabitation houleuse prend fin lorsque Van Gogh, au cours d'une crise, se taille une oreille.

- En 1891, déçu par la société occidentale matérialiste, Gauguin trouve refuge à Tahiti. Ses tableaux, dont *Arearea* (1892) ou *D'où venons-nous ? Que sommes-nous ? Où allons-nous ?* (1897-1898), représentent la vie quotidienne polynésienne, la nature sauvage, la beauté atypique des vahinés et le folklore indigène. Le style dit « primitif » de l'artiste est renforcé par l'imagerie exotique tahitienne. Par ailleurs, Gauguin s'essaye également à la sculpture, créant des idoles aux formes sauvages, dont *Idole à la coquille* (1892-1893).

- Les recherches formelles de Paul Gauguin sur la couleur et la forme influencent un grand nombre d'artistes, notamment les fauves, les expressionnistes, ainsi que Pablo Picasso.

POUR ALLER PLUS LOIN

SOURCES BIBLIOGRAPHIQUES

- ANDERSON (Robert), *Paul Gauguin*, Londres, Watts, 2003.
- CACHIN (Françoise), *Gauguin*, Paris, Flammarion, 1988.
- ELLRIDGE (Arthur), *Gauguin et les Nabis*, Paris, Terrail, 1993.
- FARTHING (Stephen) (dir.), *Tout sur l'art. Panorama des mouvements et des chefs-d'œuvre*, Paris, Flammarion, 2012.
- « Gauguin », in *Dada. La première revue d'art*, n° 49, 1998.
- « Gauguin et le primitivisme », sur http://gauguinprimitivisme.wordpress.com, consulté le 02/07/2014.
- IRESON (Nancy), *Paul Gauguin*, Londres, Tate Publishing, 2010.
- JALARD (Michel-Claude), *Le Post-impressionnisme*, Lausanne, Rencontre, 1966.
- « Paul Gauguin. The complete Works », sur http://www.paul-gauguin.net, consulté le 02/07/2014.
- « Petites phrases, grandes histoires : Gauguin », sur http://www.musee-orsay.fr/fr/outils-transversaux/galerie-video/petites-phrases-grandes-histoires/gauguin.html, consulté le 02/07/2014.
- SOLANA (Guillermo), *Gauguin and the Origins of Symbolism*, Madrid, Philip Wilson Publishers, 2004.
- THOMSON (Belinda), *Gauguin*, Paris, Thames and Hudson, 1995.
- THOMSON (Belinda), *Gauguin's Vision*, Édimbourg, National Gallery of Scotland, 2006.
- WILDENSTEIN (Daniel), *Gauguin: a Savage in the Making: Catalogue Raisonné of the Paintings (1873-1888)*, Milan/Paris, Skira/Wildenstein Institute, 2002.
- WRIGHT (Alastair) et BROWN (Calvin), *Gauguin's Paradise remembered*, Princeton, Princeton University Art Museum, 2010.

SOURCES ICONOGRAPHIQUES

- GAUGUIN (Paul), *Arearea*, 1892, huile sur toile, 73 x 94 cm, Paris, musée d'Orsay. La photo reproduite est réputée libre de droits.
- GAUGUIN (Paul), *D'où venons-nous ? Que sommes-nous ? Où allons-nous ?*, 1897-1898, huile sur toile, 139 x 374 cm, Boston, Museum of Fine Arts. La photo reproduite est réputée libre de droits.
- GAUGUIN (Paul), *Femmes de Tahiti* ou *Sur la plage*, 1891, huile sur toile, 69 x 91,5 cm, Paris, musée d'Orsay. La photo reproduite est réputée libre de droits.
- GAUGUIN (Paul), *Idole à la coquille*, 1892-1893, statuette en bois de fer, nacre, dent et en os, 34,4 cm de haut, Paris, musée d'Orsay. La photo reproduite est réputée libre de droits.
- GAUGUIN (Paul), *La Vision après le sermon*, 1888, huile sur toile, 72 x 91 cm, Édimbourg, National Gallery of Scotland. La photo reproduite est réputée libre de droits.
- GAUGUIN (Paul), *Le Sorcier d'Hiva Oa*, 1902, huile sur toile, 92 x 73 cm, Liège, musée des Beaux-Arts. La photo reproduite est réputée libre de droits.

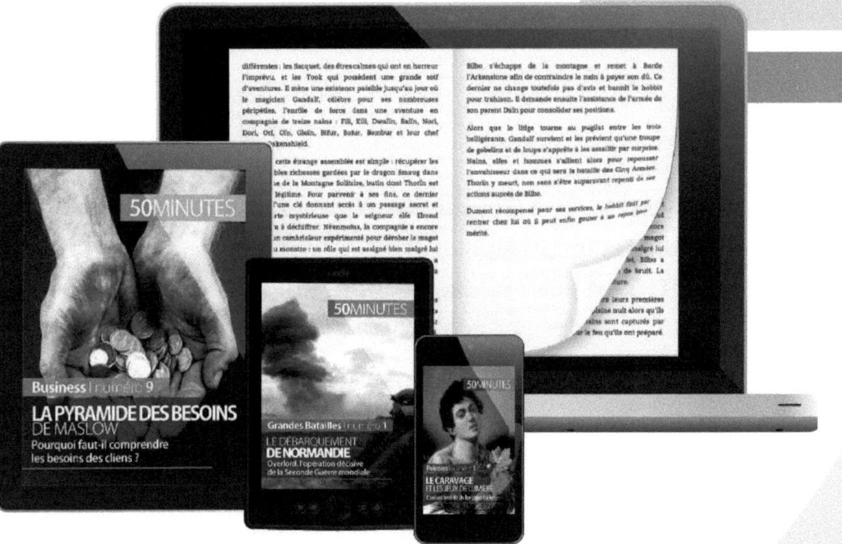

SOYEZ LÀ
OÙ ON NE VOUS ATTEND PAS !

www.50minutes.com

www.50minutes.com

Éditeur responsable : Lemaitre Publishing
Rue Lemaitre 4 | BE-5000 Namur
info@lemaitre-editions.com

ISBN ebook : 978-2-8062-5798-7
ISBN papier : 978-2-8062-5799-4
Dépôt légal : D/2014/12603-168
Photo de couverture : © *Femmes de Tahiti* ou *Sur la plage*, par Paul Gauguin, 1891 (détail).

Conception numérique : Primento,
le partenaire numérique des éditeurs